# La migración del salmón

**Grace Hansen**

LA MIGRACIÓN ANIMAL

Abdo
Kids

**abdopublishing.com**

Published by Abdo Kids, a division of ABDO, P.O. Box 398166, Minneapolis, Minnesota 55439.

Copyright © 2018 by Abdo Consulting Group, Inc. International copyrights reserved in all countries. No part of this book may be reproduced in any form without written permission from the publisher.

Printed in the United States of America, North Mankato, Minnesota.

102017

012018

THIS BOOK CONTAINS
RECYCLED MATERIALS

Spanish Translator: Maria Puchol

Photo Credits: iStock, Minden Pictures, Shutterstock

Production Contributors: Teddy Borth, Jennie Forsberg, Grace Hansen

Design Contributors: Dorothy Toth, Laura Mitchell


Publisher's Cataloging in Publication Data


Names: Hansen, Grace, author.

Title: La migración del salmón / by Grace Hansen.

Other titles: Salmon migration. Spanish

Description: Minneapolis, Minnesota : Abdo Kids, 2018. | Series: La migración animal |
    Includes online resources and index.

Identifiers: LCCN 2017945874 | ISBN 9781532106446 (lib.bdg.) | ISBN 9781532107542 (ebook)

Subjects: LCSH: Salmon--Juvenile literature. | Fishes--Seasonal distribution--Juvenile literature. |
    Animal migration--Juvenile literature. | Spanish language materials--Juvenile literature.

Classification: DDC 597.5--dc23

LC record available at https://lccn.loc.gov/2017945874

# Contenido

# El salmón

El salmón se puede encontrar en los océanos Atlántico y Pacífico. El salmón real, el salmón chum, el plateado, el rosado y el rojo, son las cinco **especies** diferentes de salmón del Pacífico.

**el salmón
real o chinook**

**el salmón
chum o keta**

**el salmón
plateado o coho**

**el salmón rosado**

**el salmón rojo**

5

# ¡Al océano!

Todas las especies de salmón nacen en ríos o arroyos. Los chinook y los rosados nadan hacia el océano cuando son alevines. Otras especies pasan de uno a tres años en el río antes de salir al océano.

6

Una vez en el océano algunas **especies** migran más lejos que otras. El salmón rosado se queda bastante cerca de la **desembocadura** de su río natal.

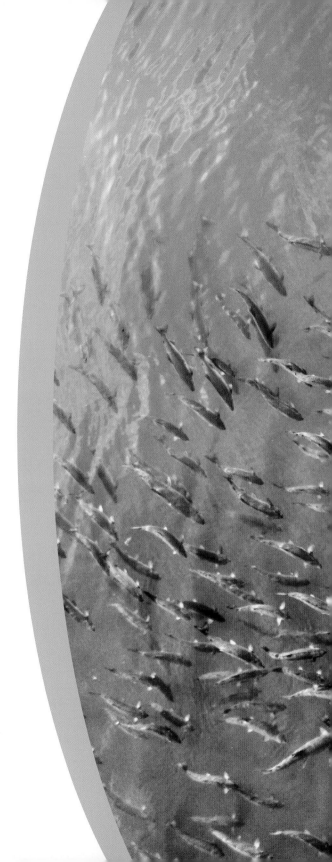

9

El salmón rojo y el chinook migran mar adentro. Pueden llegar a nadar más de 2,600 millas (4184.3 km) desde su río natal.

En algún momento de sus vidas, todos los salmones vuelven al río natal. Los chinook se quedan en el mar alrededor de seis años. El salmón rojo vuelve después de uno a cuatro años.

13

## Río arriba

Los salmones vuelven al mismo río o arroyo en el que nacieron. Normalmente eso ocurre en el otoño. Nadar río arriba no es fácil. ¡Los hambrientos osos los están esperando!

Los salmones que llegan a su río natal han cambiado de color. El salmón rojo y el plateado se ponen de color rojo brillante. Esto significa que están listos para **desovar**.

16

17

La hembra excava un hoyo en el **fondo** del río donde pone los huevos. El macho los **fecunda** y la hembra los cubre de nuevo.

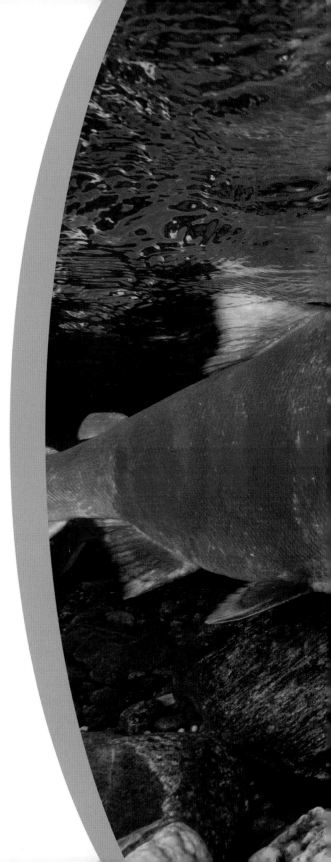

La mayoría de los salmones mueren después de desovar. ¡Pero han dado vida a muchos salmones más! El ciclo comenzará de nuevo. Los jóvenes salmones nadarán hacia el mar y volverán al río al igual que lo hicieron sus padres.

# Rutas migratorias

Rusia

Alaska

Canadá

golfo de Alaska

●---▶ rosado    ●---▶ plateado o coho    ●---▶ real o chinook

●---▶ chum o keta    ●---▶ rojo

# Glosario

**alevín** – pez joven.

**desembocadura** – lugar donde un río termina y se junta con un océano o lago.

**desovar** – soltar los huevos en cantidades grandes.

**especie** – grupo específico de animales con similitudes entre ellos y capacidad de reproducirse.

**fecundar** – hacer que un huevo se desarrolle.

**fondo** – parte más profunda de tierra por donde pasa el agua de un río.

# Índice

**Abdo Kids**
**ONLINE**
FREE! ONLINE MULTIMEDIA RESOURCES

¡Visita nuestra página abdokids.com y usa este código para tener acceso a juegos, manualidades, videos y mucho más!

Código Abdo Kids:
ASK0314